クラスを「つなげる」

ミニゲーム集

BEST55+α

&おまけの小ネタ10

JN074275

黎明書房

はじめに

　私は，1000ぐらいのゲームを知っています。
　その中から，お気に入りのゲームを厳選して集めたベスト版が本書です。

　私は，ゲームが大好きです。
　授業のはじめに，合間に，おわりに，時間を見つけては子どもたちとゲームを楽しんでいます。
　ゲームをすると，子どもたちが仲良くなりますからね。
　ゲームは，子どもたちを「つなげる」有効なアイテムなのだと確信しています。

　特に新年度初めにはゲームを集中投下します。
　今どきの子どもたちは，同じクラスになっただけでは，仲間だとは思っていません。ただ集まっているだけです。
　そこで，意図的に，たくさんのゲームをします。
　一緒に楽しんでゲームをする中で，子どもたちは仲間になっていきます。そして，クラスという集団になっていくのです。
　なにもせずにクラスができ上がるほど，今の現場は甘くありません。

　また，新年度初めにゲームを集中投下するのには，別の理由もあります。
　それは，ゲームを通して，教師の指示に従うこと，ルールを守ることを教えるためです。
　たとえば，学級崩壊しているクラスでは，ゲームが成り立ちません。子どもたちは教師の指示を聞きません。ルールも守りません。
　ゲームが成り立つのは，学級崩壊していない証拠でもあるのです。
　子どもたちは，ゲームを楽しみながら，教師の指示に従うこと，ルールを守ることを学んでいきます。

　ということで，ゲームはクラスづくりにとっても有効です。
　あなたのクラスでも，時間を見つけて，ゲームを楽しんでくださいね。
　たくさんゲームをすれば，良いクラスになること間違いなしです。

　最後になりましたが，黎明書房の武馬久仁裕氏，都築康予氏に感謝します。私の集大成ともいえる本を発刊するチャンスを与えていただき，ありがとうございました。

　この本に載っているゲームで，教室に子どもたちの笑顔があふれることを祈っています。
　そして，子どもたちの楽しそうな顔を見る先生たちの笑顔があふれることを祈っています。

中村 健一

　※本書は先に刊行した『クラスを「つなげる」ミニゲーム集BEST55＋α』に「おまけの小ネタ集」を加えたものです。

目次

ジャンケン手たたき

> **ズバリ！こんなゲームです**　左手を握り合って，２人組でジャンケンをします。ジャンケンで勝った人は相手の手をたたこうとします。負けた人はたたかれないように逃げます。たくさんたたいた人が勝ちです。

用意するもの　なし

すすめ方

① ２人組になって，左手同士を軽く握り合う。

② ジャンケンをする。勝った人は，左手を強く握り，右手でたたこうとする。負けた人は，相手につかまれる前に左手を離して逃げる。

③ １分間で何度もジャンケンする。勝った人はつかんでたたく，負けた人は逃げるをくり返す。

④ たくさんたたいた方が勝ち。

ジャーンケーン

> **成功のひけつ**
> ・思いっきりたたくのではなく，優しくたたくように言いましょう。
> ・「たたいて・かぶって・ジャンケンポン」の道具のいらない教室バージョンです。
> ・ピコピコハンマーとヘルメットを用意すれば，本格的な「たたいて・かぶって・ジャンケンポン」もできます。しかし，頭をたたくのは教育的ではないので，注意が必要です。

②
心ひとつに

> **ズバリ！こんなゲームです**

隣の人と同じ答えを言えばＯＫというゲームです。

用意するもの なし

すすめ方

① 教師は「世界一強い動物は？」とお題を言う。子どもたちは，隣の人が何を書くか想像して，答えを１つだけ書く。

② 続けて教師は「世界一速い動物は？」「世界一可愛い動物は？」と問題を出す。子どもたちは，答えを１つずつ書く。

③ 子どもたちは，隣の人と向かい合う。そして，教師の「世界一強い動物は？ せーの」の言葉に合わせて，書いている答えを言う。

④ 「ライオン」と同じ答えを言ったら，ハイタッチして喜び合う。違う答えだったら，「どんまい」と言い慰め合う。

⑤ 「世界一速い動物は？ せーの」「世界一可愛い動物は？ せーの」に合わせて，答えを言い合う。ハイタッチと「どんまい」をくり返し，一番たくさんハイタッチできた２人組が優勝。

> **成功のひけつ**
> ・「世界一強い動物は？」と多くの２人組が同じ答えを言いそうなものから，「世界一可愛い動物は？」と同じ答えが出そうにないものへと難易度を上げています。「易→難」は，出題の演出の基本です。
> ・「日本一都会の都道府県は？」「日本一田舎の都道府県は？」「日本一行ってみたい都道府県は？」などの問題でも楽しめます。

運命の仲間

> **ズバリ！こんなゲームです**　3人が持っている紙を合わせると，クイズの問題が1つでき上がります。その問題を協力して解くゲームです。

用意するもの　クイズが書いてあるA4の紙（クラスの人数の3分の1）。
問題は1枚1枚違う方がよい。

すすめ方

① 教師はクラスの人数の3分の1の枚数，A4の紙を用意する。そして，その紙にクイズの問題を印刷し，1枚1枚を適当に3つに切る。

② 紙をシャッフルして，子どもたちに1枚ずつ配る。

③ 子どもたちは自分が持っている紙にぴったり合う紙を持った「運命の仲間」を探す。3人集まれば，クイズの問題が1つでき上がる。

④ 「運命の仲間」が集まったら，3人でその問題の答えを考える。

⑤ 正解が分かったら，教師の所に言いに行く。正解したら，合格。

> **成功のひけつ**
> ・子どもたちは「運命の仲間」を見つけようと，クラスみんなに積極的に声をかけます。
> ・子どもたちは，誰が「運命の仲間」なのか？　ドキドキして探します。そして見つけた時には，運命を感じ，強い親しみを覚えます。

④
天下統一ドッジボール

> **ズバリ！
> こんなゲーム
> です**

体育館全体を使って行うドッジボールです。ボールが４つあるので，いつ当てられるか，気が抜けません。アウトになってしまった子も自分を当てた子が当たれば，復活できます。

用意するもの ソフトバレーボール４つ

すすめ方

① 子どもたちは，体育館全体にバラバラに広がる。体育館の中ならどこに逃げてもよい。

② 教師がソフトバレーボール４つを適当に投げて，ゲームスタート。

③ ボールを取った子は，誰でもいいので投げて当てる。当たってしまった子は，アウト。ステージの上に上がる。

④ 当たってしまった子は，自分を当てた子を目で追う。自分を当てた子が当たれば，復活できる。

⑤ 制限時間になった時に，アウトになっていない子が勝ち。

👆 **オススメゲーム** プラスα

・自分を当てた子が他の子を当てたら復活というルールでも楽しめます。

7

友だちビンゴ

ズバリ！こんなゲームです　「7月か12月生まれ」などの条件に合う人を見つけてサインをもらいます。たくさんビンゴできた人が優勝です。

用意するもの　右ページのワークシート（1人1枚）

すすめ方

① 教師は1人に1枚，右ページのワークシートを印刷して配る。

② 子どもたちは自由に立ち歩いて，「何月生まれですか？」「兄弟はいますか？」と友だちに質問する。

③ ワークシートの条件に合う人を見つけたら，サインをしてもらう。

④ 縦，横，ななめ，どれでも1列揃えば，1ビンゴ。

⑤ 5分間でたくさんビンゴできた人が優勝。

成功のひけつ

・男子，女子，どちらからもサインをもらってなければ0ビンゴというルールにしてもよいでしょう。

・クラスで孤立しがちな子の情報を入れておくといいです。（たとえば，その子が英語を習っているなら，「英語が話せる」など）すると，子どもたちがどんどんその子に質問をします。そして，友だちづくりのきっかけになります。

友だちビンゴ

なまえ（　　　　　　　　　　　　　　）

次の問題に合う人を見つけて，マスにサインをもらいましょう。
たて，横，ななめ，どれでも１列そろえばビンゴ。たくさんビンゴした人がエライ！
※インタビューは，１人に１回だけ。サインも，１人に１回だけです。

7月か12月生まれ	野球よりサッカーが好き	弟か妹がいる
そろばんを習っている	5人以上の家族で住んでいる	ネコを飼っている
納豆が好き	なわとびの二重跳びができる	国語より算数が好き

ビンゴした数（　　　　　　　　　　　　）

2人の「一緒」を探せ！

> **ズバリ！こんなゲームです**　「兄弟の数が一緒」「好きな食べ物が一緒」など2人の共通点を探すゲームです。たくさんの共通点を見つけた2人組が優勝です。

用意するもの　なし

すすめ方

① 隣の席の子と2人組になる。

② おしゃべりして，2人の共通点を探す。「誕生月が一緒」「習い事が一緒」「よく行くコンビニが一緒」など。

③ 「人間である」「○○小学校の児童である」「○年生である」など，クラス全員に当てはまる共通点はダメ。

④ 3分間でたくさんの共通点を見つけた2人組が優勝。

⑤ 優勝者に共通点を発表してもらう。子どもたちは，興味津々で聞く。

> **成功のひけつ**　・意外な共通点を見つけた2人組に発表してもらうと，盛り上がります。「同じ病院で生まれた」「お父さんの名前が同じ」など意外な共通点に子どもたちは驚きます。

⑦

法則発見ゲーム①

カタカタカタカタカタツムリ

ズバリ！こんなゲームです でんでん虫なのか？　カタツムリなのか？　法則を発見するゲーム。法則は「片目をつぶっていれば，カタツムリ（片つむり）」というだけのくだらないものです。

用意するもの なし

すすめ方

① 教師は左手を開き，手のひらを子どもたちに見せる。そして，手を叩きながら，「よく見てよ」と言う。

② まずは，両目を開けたまま。教師は，「カタカタカタカタカタツムリ」と言いながら，右手の人差し指でイラストのように左手をはわせる。そして，「これが『でんでん虫』です」と言う。

③ 次に，片目をつぶって，同じようにする。そして，「これが『カタツムリ』です」と言う。

④ 「でんでん虫」と「カタツムリ」を何度かくり返してする。そして，「これは，どっち？」と聞く。

⑤ 法則が分かった子は，得意げに「でんでん虫！」「カタツムリ！」と叫ぶ。

成功のひけつ

・教師は，「よく見てよ」と言いながら，手を数回たたいてみたり，膝をなでてみたり，頭を触ったりします。すると，子どもたちは法則を見つけようと，教師の適当な動きをものすごく注目して見ます。

・「よく見てよ」と手をたたきながら言われると，真面目な子は教師の手をジッと見ます。法則に早く気づくのは，違う所を見るような子。いわゆる逆転現象が起きる良ネタです。

好きですか？　嫌いですか？

ズバリ！こんなゲームです　解答者に見えないように，ある言葉を黒板に書きます。解答者は「好きですか？　嫌いですか？」などの質問に答え，みんなの反応から言葉を予想します。答えを当てるというよりも，チンプンカンプンなやりとりを楽しむゲームです。

用意するもの　なし

すすめ方

① 解答者を1人決める。解答者は教室の前のイスに黒板を背にして座る。

② 教師は黒板に「ゴキブリ」と書く。解答者には見えないようにする。

③ まずは教師が「好きですか？　嫌いですか？」と質問する。解答者が「好きです」と答えたら，他の子は「え〜！」と強く反応する。「嫌いです」と答えたら，拍手する。

④ 2分間で他の子がどんどん質問する。「食べたことがありますか？」「はい」「どんな味がしましたか？」「甘かったです」などのやり取りにクラスは大爆笑。

⑤ 解答者は，黒板に書いてある物が何か？　予想して答える。黒板を見て正解が分かると，笑顔になる。

成功のひけつ

・解答者は，元気の良い男子がいいです。その子をクラスの人気者にしてしまいましょう。

・解答者を交代して，くり返し楽しめます。「ミミズ」「カレーライス」「生ゴミ」「お母さん」など，気色の悪い物とそうでないものを交互に出題するといいでしょう。

・正解，不正解にはこだわりません。解答者には「面白い！　爆笑王だ！」「みんなを楽しませてくれて，ありがとう」とフォローの言葉をかけましょう。

・最後は「中村先生」など担任の先生がオススメです。

エスパーゲーム

> **ズバリ！こんなゲームです**　教師の右手，左手，どちらに10円玉が入っているか？　当てるだけのシンプルなゲームです。勝ち残りで行い，クラスのナンバー1エスパーを決めます。

用意するもの　10円玉1つ

すすめ方

① 子どもたちは，全員立つ。

② 教師は10円玉を右手か左手に隠し持って握る。そして，子どもたちに右手，左手の両方をグーにして握ったまま見せる。

③ まずは，教師は「超能力を使って感じてよ。右手に10円玉があると思う人？」と聞き，手を挙げさ

せる。次に「左手に10円玉があると思う人？」と聞き，手を挙げさせる。

④ 左と予想する人に手を挙げさせたまま，正解発表。「正解は，……右」と10円玉を見せながら言う。すると，子どもたちから歓声が上がる。

⑤ 間違ったら，座っていく。②〜④をくり返し，最後まで残った人が優勝。クラスのナンバー1エスパーである。

成功のひけつ

・最後まで残ったナンバー1エスパーを前に出して次のようなやり取りをします。

教師「エスパー○○くんの力を試してみよう。先生が3ケタの数字を思い浮かべるから，当ててみて。」

エスパー「……584……。」

教師「…正解！　何で分かったの？　エスパー○○くんの力はすごいなあ。じゃあ，4ケタの数字を思い浮かべるから，当ててみて。」

エスパー「……2965……。」

教師「怖っ！　正解，何で分かったの!?　ものすごい能力を持ったエスパー○○くんに拍手〜！」

教室に爆笑が起こります。そして，エスパー○○くんは，クラスの人気者になります。

① テレパシー

> **ズバリ！こんなゲームです**

教師のお題に班で相談して，答えを１つ書きます。その答えが，他の１つの班と同じだった場合だけ，ポイントをゲットできます。２つ以上の班と同じだと，ポイントは無しです。

用意するもの 小黒板，黒板消し（どちらも，各班に１つずつ）

すすめ方

① 教師が「『あ』で始まる食べ物」などお題を１つ出す。子どもたちは班で相談して，答えを１つだけ書く。

② １班から順番に，「アイスクリーム！」などと声を揃えて答えを発表していく。

③ 他の１つの班とだけ答えが同じだったら，10ポイントゲット。答えが一緒の班がなければ，０ポイント。２つ以上の班と答えが同じでも，０ポイント。

④ お題をかえて，①〜③をくり返す。答えを発表する順番は，２班から，３班から……，とかえていく。

⑤ 何問かお題を出し，たくさんポイントをゲットした班が優勝。

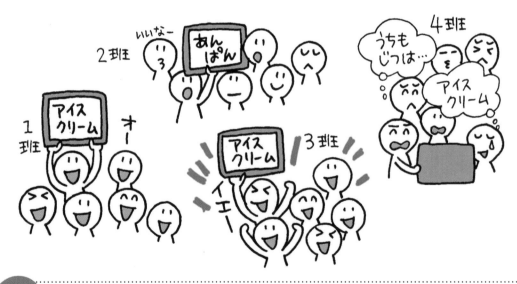

> **成功のひけつ**
> ・答えを発表していない班は，一切反応しないようにします。そうでないと，先にポイントをゲットできるかどうかが分かってしまい，面白くありません。（たとえば，１班が発表した時に，他に２つの班が「同じだ！」と喜んでしまうと，０ポイントなのが分かってしまいます。）
> ・答えを発表した班は，自由に喜んでOKです。１つの班と同じで大喜びした後，もう１つの班が同じだと「え〜！」という声が起き，盛り上がります。

新聞紙ミッション

> **ズバリ！
> こんなゲーム
> です**

新聞紙の中からお題に合った文字を探すゲームです。お題によって得点が違います。一番多くの点数をゲットしたチームが優勝です。

用意するもの 　新聞紙１日分，文字を貼る紙，はさみ，のり（全て，各班に１つずつ）

すすめ方

① 子どもたちは，班（４人）に分かれる。各班に新聞紙１日分とＢ４の紙を配る。はさみとのりも各班１つずつ準備する。

② 教師はお題を黒板に書く。「『サンズイ』の漢字を見つけたら１点」「クラスの子の名前をひらがなで完成させたら３点，漢字で完成させたら５点」など。

③ 子どもたちは声をかけ合いながら協力してお題の文字を完成させる。完成した文字は，紙に貼る。

④ 10分後，でき上がった文字の合計点数が何点になるか計算させる。一番多く点数をゲットした班が優勝。

お題
① 「サンズイ」の漢字…1点
② クラスの子の名前（ひらがな）…3点
③ クラスの子の名前（漢字）…5点

> **成功の
> ひけつ**
> ・最初に１分程度の作戦タイムを取ってもいいでしょう。各班で１点を多く集めたり，５点で高得点をねらったり，相談する姿が見られます。
> ・「中村先生，かっこいい！（10点）」など文章を指定してもおもしろいです。

③
ちんぼつゲーム

> **ズバリ！こんなゲームです**　各班が36マスの中に船を6隻隠します。お互いに隠した船を沈没させ合い，全ての船が沈没してしまったチームの負けです。

用意するもの　右ページのワークシート（各班に1枚ずつ）

すすめ方

① 班（4〜5人）のメンバーで相談して，マスの中に船を6隻かく。他の班には見えないようにする。

② 1班が「Cの3」など攻撃するマスを決める。他の班は，一切反応しない。

③ 教師が「Cの3，攻撃！　ドカン！」と言う。そのマスに船がある班は，全員で両手を挙げ「やられた〜！」と叫ぶ。

④ 2班，3班，4班……1班と，順番に攻撃をしていく。

⑤ 6隻全ての船が沈没してしまったチームは負け。最後まで船が残ったチームが優勝。

成功のひけつ

・黒板に簡単な表（イラスト参照）をかいて，どの班が何隻残っているのか？　はっきりさせておくとよいでしょう。

・教師が「攻撃！　ドカン！」と言っても，シーンとなる時があります。一瞬の沈黙の後，教室に笑いが起こります。

ちんぼつゲーム

★班で相談して，マス目の中に船を６せきかきましょう。
　他の班には，見えないようにします。

	1	2	3	4	5	6
A						
B						
C						
D						
E						
F						

メンバー

（　　　）班　（　　　　　　　　　　　　　　　　）

班対抗！ 勝ち抜け○×クイズ

ズバリ！こんなゲームです　班のメンバーが１人ずつ○×クイズに答えます。正解すれば，自分の席に戻れます。一番最初に全員が席に着いた班が優勝です。

用意するもの　○×の札（各班１つずつ。無くてもOK）

すすめ方

① クラス全員が教室の前に出る。そして，班ごとに問題に答える順番に縦一列に並ぶ。

② 教師は，「源氏物語は，平氏を倒した源氏の物語である。○か？×か？」と出題する。１番目の解答者が，○×の札（または，○×ポーズ）で答える。

③ 「正解は，……×でした。」と教師が正解を発表する。正解である×の札を出していた子は，自分の席に戻る。不正解の○の子は，班の列の一番後ろに並ぶ。

④ 出題をくり返し，正解した子は，自分の席に戻っていく。

⑤ 一番最初に全員が席についた班が優勝。

成功のひけつ　・③のように不正解の子は，班の一番後ろに並ばせるとよいでしょう。同じ子が続けて不正解をくり返さないようにするための配慮です。

👆**オススメゲーム** プラスα

・「班対抗！ 生き残り○×クイズ」も面白いです。不正解の子から，席に戻っていきます。最後まで解答者が残っていた班が優勝です。

漢字しりとりチョークリレー

ズバリ！こんなゲームです　「赤（あか）」→「形（かたち）」→「力（ちから）」と，漢字で行うしりとりです。班対抗のチョークリレーで勝負。３分間で一番多くしりとりを続けられた班が優勝です。

用意するもの　チョーク（各班１本ずつ）

すすめ方

① 教師は各班にチョークを１本ずつ渡す。

② 各班の１人目の子が黒板の所に行き，「赤（あか）」などの漢字を１つ書く。

③ １人目の子は２人目の子にチョークを渡して，座る。２人目の子は黒板の所に行き，「か」で始まる漢字を１つ書く。「赤（あか）→貝（かい）」と漢字でしりとりをする。

④ ３人目，４人目，……１人目とチョークをもらい，しりとりになる漢字を１文字ずつ書いていく。

⑤ 制限時間の３分後，教師はしりとりになっているかどうか？　チェックする。一番多くしりとりを続けていた班が優勝。

成功のひけつ
・どの班がどこに書けばいいのか？　黒板をイラストのように線を引いて等分しておきます。
・他のメンバーは，座ったままどんな漢字を書けばいいのか教えてもよいルールにします。すると，子どもたち同士で教え合う姿が見られます。ただし，書くのは必ず順番の子です。

手を合わせましょう

> **ズバリ！こんなゲームです**

隣の人と手を合わせて，「パンッ」と音を出すだけのゲームです。クラスで１つの音になったら，大成功。「目をつぶってやる」「目をつぶって，一回転してやる」どんどん難易度を上げていきます。

用意するもの なし

すすめ方

① 子どもたちは，隣の席の人と向かい合って立つ。そして，教師の「せーの」の合図で，右手と右手を合わせる。「パンッ」という１つの音が響き，教室に一体感が生まれる。

② 次は，目をつぶって，同じことをする。これは，ほぼ，うまくいく。やや鈍いが，教室に「ペシッ」という音が響く。

パン！

スカッ　ごめん

③ 最後は，目をつぶって，その場で１回転する。そして，目をつぶったまま同じことをする。

④ 教師の「せーの」の合図に音は響かない。「スカッ」という感じ。

⑤ うまくいかなかった子は，相手と顔を見合わせ，笑顔になる。

> **成功のひけつ**
>
> ・①や②は，「フリ」です。①では，「こんなにバッチリ１つの音になったクラスはない。最高のクラスになりそうだ！」とほめます。②では，失敗する子も多いでしょう。それでも，「こんなに難しくしても，音が出る君たちは，すごい！」とオーバーにほめます。
>
> ・しっかり①②でほめてこそ，「フリ」が生きます。③で失敗した子どもたちは，大笑いすることでしょう。

伝えポーズ

> **ズバリ！こんなゲームです**　言葉だけで説明して，同じポーズをさせます。1分以内に同じポーズをさせることができたら，大成功です。

用意するもの　なし

すすめ方

① イラストのように3人が並んで立つ。

② 一番後ろの人は，面白いポーズをする。真ん中の人には見えないようにする。

③ 一番前の人は，言葉だけで説明して，真ん中の人に後ろの人と同じポーズをさせる。

④ 1分以内に同じポーズをさせることができれば，大成功。

⑤ 役を変えて，①〜④をくり返す。

> **成功のひけつ**
> ・言葉だけで説明するのは難しいものです。真ん中の人が思いもしないポーズを取って，大爆笑になることが多いです。
> ・コミュニケーションを促します。言葉による説明力を鍛えることができるゲームです。

⑧
しりとり応援団

団体戦で行う3文字限定しりとりです。しりとりが続けられなくなったチームが負け。応援合戦のような大きな声でします。

用意するもの なし

すすめ方

① クラスを右側と左側の2チームに分ける。そして，それぞれのチームの団長を決める。

② 先攻チームの団長が最初の言葉を決める。3・3・7拍子の手拍子に合わせて，チームみんなで「バナナ・バナナ・バナナにつづけ！」と叫ぶ。

③ 先攻チームが叫んでいる間に，後攻チームの団長は続く言葉を考える。そして，「なすびー！」とチームみんなに伝わるように言う。

④ 後攻チームがみんなで「なすび・なすび・なすびにつづけ！」と叫ぶ。

⑤ 先攻チーム，後攻チーム，先攻チーム……とくり返し，言えなくなったら負け。ずっと続いた場合は，応援合戦なので，声の大きなチームが勝ち。

成功のひけつ
・バスの中でのレクリエーションに最適です。大きな声を出して盛り上がるので，乗り物酔いする子が出ません。
※埼玉県の清水恵二氏に教えていただいたゲームです。

⑨
サバイバルジャンケン

グループ対抗の勝ち抜きジャンケンです。ジャンケンに負けた子から，席に戻ります。先に全員席に戻ってしまったグループは負けです。

用意するもの なし

すすめ方

① グループのメンバーは，教室の前に出る。そして，イラストのように向かい合って1列に並ぶ。

② まずは，先頭の子同士がジャンケンをする。負けた子は，席に戻る。勝った子は，負けたグループの2番目の子とジャンケンをする。

③ 負けた子は，席に戻る。勝った子は残って，次の子とジャンケンする。これをくり返す。

④ 先に全員が席に戻ってしまったグループが負け。生き残ったグループが勝ち。

成功のひけつ

・グループ対抗のゲーム大会をして同点優勝になった時にオススメです。サバイバルジャンケンで決着をつけます。

・サバイバルジャンケンに参加できない子たちには，どっちのグループが勝つと思うか予想させます。その子たちは，自分が勝つと予想したグループを盛り上がって応援します。

カードジャンケン

ズバリ！こんなゲームです カードを使ったジャンケンです。勝てば，相手のカードがもらえます。2分間でたくさんのカードを集めた班が優勝です。

用意するもの ジャンケンカード（各班12枚ずつ。グー4枚，チョキ4枚，パー4枚）

すすめ方

① 各班にジャンケンカードを12枚ずつ配る。そして，各班1人，司令塔を決める。司令塔は，カードを管理する役。ジャンケンには参加しない。

②「スタート」の合図で司令塔は班のメンバーに1枚ずつカードを渡す。班のメンバーは，他の班のメンバーと，カードでジャンケンする。

③ 勝ったら，負けた人からカードがもらえる。あいこだったら，次の相手を見つけて勝負する。

④ 勝っても負けても，司令塔の所に戻る。勝った人は2枚のカードを渡し，新たに1枚のカードをもらってジャンケンをしに行く。負けた人は，1枚もらってジャンケンをしに行く。

⑤ 制限時間の2分後。カードをたくさん集めていた班が優勝。

成功のひけつ

・子どもたちは，司令塔をしたがります。司令塔を交代して，2回戦，3回戦，……と行うとよいでしょう。

・その場合は，1回戦ごとに優勝が30点，2位が20点，3位が10点として，合計点で勝負すると盛り上がります。

・12枚の白い紙を配り，自由にグー，チョキ，パーをかかせてもOKです。子どもたちは何を何枚用意するか？ 相談して，作戦を立てます。

た・た・た・た・た〜し〜算

ズバリ！こんなゲームです　2人で出した指の数を計算します。先に答えを言った方が勝ちです。

用意するもの　なし

すすめ方

① 子どもたちは自由に立ち歩き，2人組をつくる。そして，ジャンケンをして，勝った人が，たし算，ひき算，かけ算，わり算のどれにするか決める。

② 2人で声を揃えて，「た・た・た・た・た〜し〜算」「ひ・ひ・ひ・ひ・ひ〜き〜算」などと両手を振りながら言う。そして，最後の「算」の「ん」に合わせて，1本から10本までの指を出す。

③ 2人の出した指の数を計算して，先に正しい答えを言った方が勝ち。

④ 相手をかえて，①〜③をくり返す。

⑤ 3分間でたくさん勝った人が優勝。ややこしくなるので，負けた数は数えない。

成功のひけつ

・1本指や10本指を出す子が有利になります。それに気づく子が出たら，2本から9本にするなど，ルールの工夫をしてください。

・わり算は余りが出ることが多いので，難しいです。でも，おもしろいです。

両手指相撲

> ズバリ！
> こんなゲーム
> です

両手でする指相撲です。右手でも左手でも，どちらかの親指を3秒押さえれば勝ちです。どんどん相手をかえて行い，2分間でたくさん勝った子がチャンピオンです。

用意するもの なし

すすめ方

① 子どもたちは自由に立ち歩き，2人組をつくる。そして，右手同士，左手同士，親指を立てた状態でつなぐ。

② 両手で指相撲をする。右手でも左手でも，相手の親指を3秒押さえたら勝ち。

③ 勝負がついたら，相手をかえて，次々と両手指相撲をする。

④ 2分後，教師は「0勝の人？」「1勝の人？」……と勝った数を聞いていく。1番たくさん勝ったチャンピオンを起立させ，クラスみんなで賞品の拍手を贈る。

> **成功の
> ひけつ**
> ・男女の仲の悪いクラスでは，「男子，女子，男子，……の順番でやる」というルールをつくるとよいでしょう。
> ・ゲームを通して，自然に手をつなぐ機会をつくることができます。

④

口ぽかん殺人事件

> **ズバリ！こんなゲームです**

誰か分かりませんが，犯人が１人だけいます。犯人だけが口を開けてOK。口を開けた人を見たら，倒れなければなりません。何人か倒れたところで，誰が犯人なのか？ 予想します。犯人を当てた人が勝ちです。

用意するもの 消しゴム１つ

すすめ方

① クラス全員が目を閉じて，立つ。教師は誰か１人に消しゴムを渡す。その子が犯人。犯人は，消しゴムをすぐポケットに入れる。

② 教師の「スタート」の合図で，子どもたちは目を開け，教室をぐるぐる歩く。犯人以外は，絶対に口を開けてはいけない。

③ 犯人は，他の人に分からないように数人に口を開けて見せる。口を開けたのを見た人は，５秒後に「うお〜！」と大きな声を出して倒れる。

④ 数人が倒れたところで，教師は「犯人は，お前だ！」と叫ぶ。倒れていない子どもたちは，誰が犯人だと思ったか？ 予想して，指差す。

⑤ 犯人は「私がやりました」と言いながら，消しゴムをみんなに見せる。犯人を当てた子が勝ち。

> **成功のひけつ**

・有名な「ウィンクキラー」「ウィンク殺人事件」などと呼ばれるゲームの修正版です。「ウィンクする」を「口を開ける」に変えています。

・ウィンクは，できない子がいます。また，まばたきと勘違いしやすいです。このルールなら，口を開けるだけなので，誰でもでき，分かりやすいです。

お笑い！ ボール止め

> **ズバリ！こんなゲームです**

2人組でドッジボールを転がし合います。「おしり」「あご」など，指定された場所で，ボールを止めなければなりません。

用意するもの　ドッジボール（2人に1つ）

すすめ方

① 3〜4m間を開けて，2人が向かい合う。

② 1人が相手に向かってドッジボールを転がす。その時，「おしり」「頭」など，止める場所を指定する。

③ もう1人は，指定された場所でボールを止める。そして，「ひじ」など，止める場所を指定して，ボールを転がし返す。

④ お互いに止める場所を指定して，ボールを転がし合う。

> **成功のひけつ**
>
> ・体育の準備運動に行うとよいでしょう。ただし，どんな体育の力がつくのかは，よく分かりません。
> ・最高にくだらないゲームです。子どもたちは大喜びで取り組みます。

⑥

心ひとつに －ポーズ編－

> **ズバリ！こんなゲームです**

5ページで紹介した「心ひとつに」のポーズ編です。隣の人と同じポーズをすればOKです。

用意するもの　なし

すすめ方

① 子どもたちは2人組になり，向かい合って立つ。

② 教師が「野球と言えば？　せーの」とお題を言う。子どもたちは，「せーの」に合わせて，ポーズをする。

③ 2人が同じポーズ（例，バッターが構えるポーズ）だったら，OK。2人でハイタッチをして喜び合う。

④ 2人が違うポーズ（例，バッターとピッチャー）だったら，失敗。2人で「どんまい」と言い合う。

⑤ 5問続けて，出題する。②～④をくり返して，一番OKが多かった2人組が優勝。

野球と言えば？せーの…

なんだろ，ピッチャー？

バッター？

いしや，バッター！

ドンズバ！

迷わずバッター！

> **成功のひけつ**

・体を使うので，普通の「心ひとつに」よりも，笑いが起きやすいです。

・お題は「サッカーと言えば？」「バレーと言えば？」「サルと言えば？」「ウサギと言えば？」「ぶりっ娘と言えば？」「写真を撮ってもらう時のポーズと言えば？」「勝利のポーズと言えば？」「戦いのポーズと言えば？」など，いろいろ考えられます。

慣用句ジェスチャークイズ

ズバリ！こんなゲームです　「のどから手が出る」などの慣用句をジェスチャーで表現します。多くの人に伝われば，優勝です。

用意するもの　なし

すすめ方

① 人気者１人を出題者に指名し，教室の前に出す。

② 教師は「のどから手が出る」などお題を出題者にだけ見せる。出題者は10秒間，その慣用句をジェスチャーで表現する。

③ 他の子は，何の慣用句だと思ったか？　答えを書く。

④ 出題者は正解を発表し，何人に正しく伝わったか数える。

⑤ 出題者を変えて，①〜④をくり返す。一番多くの人に正しく伝えた子が優勝。

成功のひけつ　・「手を焼く」「耳を貸す」「顔から火が出る」「揚げ足を取る」など，どんな慣用句でもОＫ。ことわざでも楽しめます。

オススメゲーム プラスα

・どの子にも出題者を経験させたいものです。みんなの前で演じるのが恥ずかしい子も，次のようにすれば，大丈夫です。

① 隣の席の人とジャンケンをする。ジャンケンで勝った人全員が出題者。負けた人が解答者。

② 教師は出題者を集め，解答者に見えないようにお題を伝える。

③ 出題者は，隣の席の人に向かって10秒間，慣用句をジェスチャーで表現する。

④ 解答者は，答えを書く。出題者が正解を発表し，正しく伝わっていればОＫ。

⑤ 出題者と解答者をかわって，②〜④をくり返す。

ピ・ピ・ピ・ピ・ピクショナリー

友だちが描いた絵が何なのか？　当てるゲームです。1分以内に当て
れば，得点ゲットです。

用意するもの　お題の紙（8つ切りの画用紙
に点数とお題を書いたもの）

すすめ方

① 1班から1人が前に出る。1班の他の
メンバーは，教室の後ろに行く。

② 前に出た子は，他の人には見えないよ
うに，お題の紙を1枚引く。お題は1
点から3点の点数がついている。1点
は，「お墓」など簡単なもの。3点は，
「壁紙」など難しいもの。

③ 前に出た子は，お題の絵を黒板に描く。
教室の後ろにいるメンバーは，その絵
が何か分かったら，次々に答える。

④ 1分以内に正解が出たら，その点数を
ゲット。

⑤ 2班，3班，4班，……，1班，と，①〜④をくり返す。ゲットした点が一番多い班が
優勝。

**成功の
ひけつ**

・①で答えを言うメンバーは，教室の後ろに行かせています。他の班の子どもたちにも
絵が見えやすいようにする配慮です。

・お題の例は，次の通りです。

　【3点】アーモンド，マンゴー，ちんげんさい，オオカミ男，沈没船，あくび，高速
　　　　道路，毛穴

　【2点】がびょう，白菜，焼き鳥，かび，せんべい，スープ，地下鉄，ナイター，よ
　　　　ろい，掃除，日焼け，腕立て伏せ，正座，殿さま，キャビンアテンダント
　　　　（CA），港，運動場，横顔

　【1点】指，白鳥，カブトムシ，ダンゴムシ，ミミズ，メダカ，タツノオトシゴ，人魚，
　　　　カッパ，ミイラ，わたがし，フラフープ，ジャンケン，水中メガネ，水着，桜

・超難問として，次のような問題も考えられます。子どもたちの様子に合わせて，嫌が
られない程度に楽しんでください。例：インド，市長，戦争，選挙，叫ぶ，愛と勇気

赤ちゃん当てクイズ大会

ズバリ！こんなゲームです 5人が赤ちゃんの時の写真を見せ，それが誰かを当てるクイズです。

用意するもの 自分が赤ちゃんの時の写真（1人1枚ずつ），写真を大きく映すもの（実物投影機など）

すすめ方

① 子どもたちは自分が赤ちゃんの時の写真を1枚持ってくる。友だちには絶対に見せない。

② 1班のメンバー5人が前に出る。教師は写真を集めてシャッフルし，1枚ずつ実物投影機などで大きく映す。

③ 1班以外の子は，1枚目の写真が誰なのか予想して書く。2枚目，3枚目，……5枚目と予想して書く。

④ 1班全員の写真を見せ終わったところで，もう1度1枚ずつ写真を映し，正解を発表していく。1人正解しているごとに10点ゲット。

⑤ 2班，3班，……と出題班を交代して，②〜④をくり返す。一番多くの点数をゲットした人が優勝。

成功のひけつ
・卒業前の6年生にオススメです。自分の成長を実感させることができます。最後の参観日に行ってもよいでしょう。
・赤ちゃんの写真は，家族と一緒に探させるといいです。ここまで大きく育ててくれた親に感謝の心を持つ機会になります。保護者にとっても，昔をなつかしみ，我が子の成長を実感する良い機会になるようです。

鼻下注意の命令ゲーム

ズバリ！こんなゲームです　クラス全員が立ち，鼻の下に鉛筆を挟みます。そして，先生の命令に従って動きます。落ちた人から座っていき，最後まで残った人が優勝です。

用意するもの　鉛筆（1人1本）

すすめ方

① クラス全員が立つ。そして，鼻の下に鉛筆を1本挟む。

② 教師は「1回回ります」「両手を挙げます」「両手を激しく降ります」「しゃがみます」「一気に立ちます」「7回ジャンプ」など命令を出す。子どもたちは命令に従って動く。

③ 鼻の下から鉛筆が落ちたら，アウト。座っていく。

④ 残っている子に，1人ずつ順番に早口言葉を言ってもらう。鉛筆が落ちないように耐えながら早口言葉を言う姿に，クラスは大爆笑。

⑤ 最後は残った人同士で，「にらめっこ」や「くすぐり合い」をする。その姿は，最高のくだらなさである。

成功のひけつ　・クラス全員がみんなの前で鼻の下に鉛筆を挟めるか？　あなたのクラスに「安心感」があるかどうかのバロメーターになります。

オススメゲーム プラスα

・安心感の低いクラスでは，頭上注意の命令ゲームがオススメです。頭の上に教科書を乗せて同じようなルールで行います。

②

だるまさんが転んだ転ばない

**ズバリ！
こんなゲーム
です** 先生が「だるまさんが転んだ」と言えば，転びます。「だるまさんが転ばない」と言えば，立ったまま。失敗した子は，アウトです。

用意するもの なし

すすめ方

① 普通の「だるまさんが転んだ」と同じように，子どもたちはスタートラインに並ぶ。教師は，オニ。オニの位置に立つ。

② 教師が「だるまさんが転んだ」と言ったら，子どもたちは転ぶ。転んでいない人は，アウト。

③ 教師が「だるまさんが転ばない」と言ったら，子どもたちは立ったまま。転んだ人は，アウト。

④ その他のルールは，普通の「だるまさんが転んだ」と同じ。

⑤ 教師が「だるまさんが……転んだ」と言うと，子どもたちは笑顔で転ぶ。

だるまさんが……

転ばない！

**成功の
ひけつ** ・クラス全員が一斉に転ぶ姿は，最高のくだらなさです。くだらなさをクラスみんなで
楽しみましょう。

👆**オススメゲーム プラスα**

・オニが「だるまさんが笑った」と言えば，笑う。「だるまさんが読書した」と言えば，
本を読む真似をする。こんな遊びを子どもたちが開発して，休み時間に楽しんでいま
した。お試しあれ。

③

お笑い！ お絵かきバトル

　「ピカチュウ」など，教師の指定したキャラクターをかくだけのゲームです。

用意するもの　Ｂ５の紙（１人１枚）

すすめ方

① 「サザエさん」「トトロ」「ミッキーマウス」「チョッパー」など，教師がお題を１つ出す。

② 子どもたちは，１分間でその絵を描く。

③ 真面目に一生懸命描く。ウケを狙わないのがポイント。

④ 班に分かれて，１人ずつできあがった絵を見せていく。すると，班で大爆笑。自由に
　ツッコミ合ってよい。

⑤ 各班で「そっくり賞」と「お笑い賞」を決める。教師がそれらの作品を集めて，クラス
　みんなの前で見せる。すると，クラスみんなで大爆笑。

・③がとにかく大切です。ウケを狙ってかくと，面白い作品はできあがりません。

・「そっくり賞」や「お笑い賞」をクラスみんなの前で紹介する時には，順番を考えま
　しょう。一番上手な作品や一番面白い作品は，最後に紹介するべきです。

④ 伝言お絵かきゲーム

絵を使った伝言ゲームです。列対抗で行います。最後まで絵が正しく
伝わった列が勝ちです。

用意するもの　Ｂ５の紙（１人１枚）

すすめ方

① 列対抗で行うゲーム。列の一番
前の子が教師の所に集まる。教
師は「ランドセル」などのお題
を書いた紙を見せる。

② １番目の子は，お題の絵を20
秒で描く。そして，２番目の子
に５秒で見せる。おしゃべりは，
絶対に禁止。

③ ２番目の子は，何の絵だったの
か考え，その絵を20秒で描く。
そして，３番目の子に５秒で見
せる。５秒で見て20秒で描く。
これを列の一番後ろの子まで続
ける。

④ 一番後ろの子も絵を描く。そし
て，１人ずつ何の絵だったと思
うか？　順番に発表する。

⑤ 教師の「せーの」の合図で一番
前の子たちが正解を発表する。
正しく伝わっていた班が勝ち。

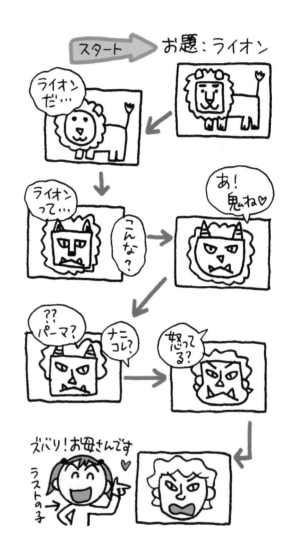

・お題は，「筆箱」「コップ」「ちりとり」「すべり台」「ライオン」「カレーライス」など。
・④で正解発表する時，列の一番前の子は反応してはいけません。どの列が正解だった
のかが分かってしまいます。
・「ランドセル」がオムライス，犬，ビールなどに変化してしまう列があります。どう
してそうなってしまったのか？　絵の変化の様子をみんなで見ると，大爆笑になります。

⑤

桃太郎vsかたつむり

> **ズバリ！こんなゲームです**　２人が同時に「桃太郎」（文部省唱歌）と「かたつむり」（文部省唱歌）を歌います。２人ともつられず，最後まで歌いきれば大成功です。

用意するもの　なし

すすめ方

① 子どもたちは，２人組になる。

② ジャンケンして，「桃太郎」「かたつむり」のどちらを歌うか決める。

③ １人が「桃太郎」，もう１人が「かたつむり」を同時に歌う。

④ 同じようなリズムなので，「♪桃太郎さん，桃太郎さん，お前の目玉はどこにある♪」などと，つられてしまう。２人で大笑い。

⑤ つられずに歌いきったら，大成功。

> **成功のひけつ**
> ・２人が目を見つめ合って歌うと，難易度が高くなります。
> ・成功した２人組に前に出てやってもらっても，盛り上がります。

⑥

法則発見ゲーム②

はだしのウサギ

> **ズバリ！こんなゲームです**

普通のウサギなのか？　裸足のウサギなのか？　法則を発見するゲーム。法則は「歯を出していれば，裸足（歯出し）のウサギ」というだけのくだらないものです。

用意するもの　なし

すすめ方

① 教師は右手の人差し指と中指の２本を出す。

② イラストのように右手の２本指で左手の手のひらの上を跳びながら，「ぴょん，ぴょん，ぴょん，ぴょん。これが普通のウサギです」と言う。

③ 今度は，上の歯を全部無理矢理出して，「ぴょん，ぴょん，ぴょん，ぴょん。これが裸足（歯出し）のウサギです」と言う。

④ 歯を無理矢理出して言うので，明らかに声が違う。子どもたちはすぐに気づき，教師の顔を見て笑顔になる。

> **成功のひけつ**
>
> ・歯を出すのを少しだけにして，真面目に法則を考えさせるのもおもしろいです。

⑦ 法則発見ゲーム③

これな〜んだ？ 大根

ズバリ！こんなゲームです　大根なのか？　ニンジンなのか？　白菜なのか？　法則を発見するゲームです。「これ，な〜ん『だ』？　大根」と，最後の言葉で野菜が決まります。

用意するもの　なし

すすめ方

① 教師は左手の人差し指，中指，薬指を立て，子どもたちに見せる。

② 右手の人差し指で薬指を指しながら「これ，な〜んだ？　大根」と言う。中指を指しながら「これ，な〜に？　ニンジン」，人差し指を指しながら「これは？　白菜」と言う。

③ 次に薬指を指しながら，「これは？」と聞く。すると，子どもたちは「大根」と答える。

④ 教師が「ブー。正解は，白菜です」と言うと，子どもたちは驚く。

⑤ 「じゃあ，これは？」「じゃあ，これ，な〜に？」と出題と回答，正解発表をくり返す。すると，「これ，な〜ん『だ』？」が大根，「これ，な〜『に』？」がニンジン，「これ『は』？」が白菜という法則に子どもたちは気づく。

成功のひけつ　・どうしても分からない子には，「これ，なに『ぴ』？」「これ，なに『ぱ』？」「これ，なに『ち』？」などのくだらない問題を出します。子どもたちは少し考えた後，「ピーマン」「パセリ」「ちんげんさい」と答え，教室は爆笑になります。

⑧

鼻つまみチェ〜ンジ！

ズバリ！こんなゲームです 右手で鼻をつまみ，左手で右耳をつまみます。先生の合図で，手をチェンジ。うまくできれば，合格です。

用意するもの なし

すすめ方

① 子どもたちは，右手で鼻をつまみ，左手で右耳をつまむ。

② 教師の「チェンジ！」の合図で，右手で左耳をつまみ，左手で鼻をつまむ。これをテンポ良くくり返して練習する。

③ 上手になったところで，難易度アップ。教師が「せーの」と言ったら，バンザイしてチェンジする。

④ 教師の「せーの，バンザイ，チェンジ！」の合図に合わせて，子どもたちはする。両手とも耳をつまむ子などがいて，笑いが起こる。

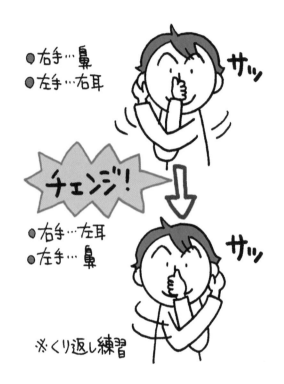

●右手…鼻
●左手…右耳
サッ

チェンジ！

●右手…左耳
●左手…鼻
サッ

※くり返し練習

せーの！

で、バンザイ

チェンジ！

あわわ♪鼻ドコですか〜？

成功のひけつ ・最後は「バンザイの後に手をたたく」にすると，ますます難易度が上がります。「せーの，バンザイ，ポン，チェンジ！」の合図に合わせてさせてみてください。

⑨

お笑い5・7・5

> **ズバリ！こんなゲームです**

最初の5音，7音，最後の5音を担当する人を決めます。そして，それぞれが担当する言葉を紙に書きます。組み合わせて5・7・5をつくれば，支離滅裂な川柳ができあがりです。

用意するもの　B6の紙（1人1枚）

すすめ方

① クラスを3つに分け，それぞれ最初の5音，7音，最後の5音のどの言葉を担当するか決める。

② 子どもたちは，自分が担当する言葉をそれぞれの音数で紙に書く。

③ 教師は，最初の5音，7音，最後の5音に分けて紙を集める。そして，それぞれをシャッフルする。

④ 教師は，最初の5音，7音，最後の5音の紙を1枚ずつ取る。そして，1つの川柳にして読み聞かせる。

⑤ 子どもたちは，とりあえず川柳になったら小さな拍手をする。きれいにできたり，おもしろかったりしたら大きな拍手をする。

> **成功のひけつ**

・バスでよくやる「いつ」「どこで」「だれが」「だれと」「○○をした」「そして，××になった」の川柳バージョンです。

・「宇宙人　漢字直しを　踊ってる」「宿題は　ゴリラみたいに　ハムスター」など，支離滅裂な川柳ができあがります。子どもたちは大爆笑です。

・楽しみながら5・7・5のリズムに慣れることができます。

⑩

ダジャレにらめっこ

ズバリ！こんなゲームです　ダジャレを聞いて，笑ったらアウトというゲームです。

用意するもの　なし

すすめ方

① ダジャレが得意な子を1人，前に出す。

② 教師が「ダジャレにらめっこ」と言ったら，クラス全員笑ってはいけない。

③ ダジャレが得意な子が「チアガールが嫌がーる」などのダジャレを言う。

④ 教師は，笑った子を見つけたら，「♪ジャジャーン♪」と効果音を入れる。そして，「ナカムラ（笑った子の名字），アウト」と言う。（ダウンタウンのＴＶ「絶対に笑ってはいけない」のイメージ）

⑤ 笑った子は，「くすぐりの刑」にする。

成功のひけつ
・1つのダジャレを言ったら，10秒ぐらい沈黙の時間を作るのがコツです。沈黙に耐えられず笑い出す子が出ます。
・一発ギャグや物ボケでやっても楽しいです。

①

文字探しスタンドアップ

> **ズバリ！こんなゲームです**　「な」「村」など，先生が指定した文字を教科書から探すゲームです。30秒以内に見つけて，指さして立てたら合格です。

用意するもの　教科書（1人1冊）

すすめ方

① 子どもたちは教科書を閉じる。

② 教師は「中村の『中』」など，文字を指定する。

③ 子どもたちは教科書を開いて，その文字を探す。見つけたら，指さして立つ。

④ 30秒以内に立てた子は，合格。クラスみんなで賞品の拍手を贈る。

> **成功のひけつ**
> ・学習内容を思い出そうとする子も出ます。たとえば6年生の社会科の教科書から「白」を探す場合。「関白って，誰がなったっけ？　藤原道長は結局なってないし……あっ，豊臣秀吉がなった！」などと考えます。

👆 **オススメゲーム プラスα**

・地図から国名や地名を探し出して立つゲームも勉強になり面白いです。

② オープン・ザ・○ページ

ズバリ！こんなゲームです　目をつぶって，教科書の指定されたページを開いた人が勝ちです。

用意するもの　教科書（1人1冊）

すすめ方

① 子どもたちは教科書を閉じる。そして，目も閉じる。

② 「オープン・ザ・47ページ」と教師がページを指定する。

③ 教師の「オープン！」の合図で，子どもたちは47ページだと思うところを開く。ペラペラめくらない。パッと一気に開く。

④ 子どもたちは目を開いて，何ページが開いているか確認する。

⑤ ピッタリ47ページを開いている子を立たせ，賞品の拍手を贈る。

成功のひけつ　・授業の最初にオススメです。その日学習するページを指定するとよいでしょう。目を閉じる時間があるので，落ち着いた雰囲気を演出できます。

③ 隠し言葉当てゲーム

ズバリ！こんなゲームです

先生が小黒板に書いた物が何か？ 当てるゲームです。子どもたちは「イエス」「ノー」で答えられる質問をして，答えを絞っていきます。2分以内に正解が出れば，子どもたちの勝ちです。

用意するもの 小黒板1枚

すすめ方

① 教師は教室にある物を1つ，子どもたちに見えないように小黒板に書く。(例：チョーク)

② 子どもたちは「1人ひとりが持っている物ですか？」「動きますか？」「先生が使う物ですか？」など，「イエス」「ノー」で答えられる質問をする。

③ 教師はそれらの質問に「イエス」「ノー」で答える。答えられない質問には，「分かりません」と言う。

④ 子どもたちは「これだ！」と思ったら，ずばり「時計ですか？」「筆箱ですか？」などと質問する。間違えていれば，教師は「ノー」と答える。

⑤ 例の場合，ずばり「チョークですか？」と聞かれたら，教師は小黒板を見せながら，「イエス」と言う。2分以内に正解が出れば，子どもたちの勝ち。

成功のひけつ
・くり返し行うと，子どもたちはどんどん質問が上手になっていきます。
・質問で答えを絞っていくので，論理的な思考力も鍛えられます。

呼んでいるのは誰？

> **ズバリ！こんなゲームです** 目隠しをして，自分を呼んだのが誰か？ 当てるゲームです。1人だけから，2人同時，3人同時と呼ぶ人数を増やしていきます。何人同時まで当てられるか勝負します。

用意するもの 目隠し（アイマスクなど）

すすめ方

① 1人を指名し，教室の前に目隠しをして立たせる。その子が回答者。

② 教師は他の子どもたちの中から1人を選び，手を挙げさせる。そして，教師の「せーの」の合図で「○○くん！（回答者の名前）」と呼ばせる。

③ 回答者が呼んだ子の名前を当てれば，次のステージに進める。今度は，教師が2人を選び，手を挙げさせる。そして，2人同時に「○○くん！」と呼ばせる。

④ 目隠しをした子が2人を当てれば，次のステージに進める。

⑤ 3人同時，4人同時と呼ぶ人数を増やしていく。同時に何人まで当てられるかを競う。

> **成功のひけつ**
> ・教室がザワザワと落ち着かない時に，オススメのゲームです。
> ・回答者は集中して，呼んだ子の声を聞きます。また，回答者が正解できるか？ 他の子は回答者に注目し，発表される名前を聞きます。

⑤

生き残り○×クイズ

> **ズバリ！こんなゲームです**　全員起立して，○×クイズに答えます。そして，間違えた人から座っていきます。最後まで立っていた人が優勝です。

用意するもの　なし

すすめ方

① 子どもたちは，全員立つ。

② 教師は「ヘクトパスカルが高い方が強い台風である。○か？　×か？」と出題する。そして，教師の「せーの，ドン！」の合図で子どもたちは，○×ポーズで答える。

③ 子どもたちに○×ポーズを出させたまま，教師が「正解は，……×でした」と正解発表する。

④ 正解の×を出した子は，立ったまま。不正解の○を出した子は，座る。

⑤ 出題をくり返し，間違った子は座っていく。最後まで立っていた子が優勝。

成功のひけつ

・授業の最後5分で，その時間の学習内容などをふり返る時に最適です。

・⑤では，最後の1人になるまでやってもおもしろいです。また，チャイムが鳴った時点で終了。その時に立っていた人が勝ちというルールでも盛り上がります。

えっ!? 逆しりとり

「ん」で終わる言葉を言えたら，１ポイントゲットできるしりとりです。１分間で何ポイントゲットできるか勝負します。

用意するもの なし

すすめ方

① 隣の人と２人組で行う。ジャンケンで勝った人が「とけい」など最初の言葉を指定して，しりとりスタート。

② 交代で「とけい」→「いるか」→「かめ」→「めだか」などと，普通にしりとりを続けていく。

③ 自分が「仮面」「階段」「係員」「神奈川県」など「ん」で終わる言葉を言えたら，１ポイントゲット。（２文字は，ダメ）

④ 相手が答えにつまったら，もう１人が「5，4，3，2，1，0」とカウントする。５秒以内に相手がしりとりを続けられなくても，１ポイントゲット。

⑤ ポイントをゲットした人が最初の言葉を指定して，しりとりを再開する。１分間でたくさんのポイントをゲットした人が勝ち。

成功のひけつ
・「あん（案・餡）」「いん（印，韻）」「うん（運）」「えん（円，縁）」「おん（音，恩）」など，「ん」で終わる２文字の言葉は多すぎます。そこで，「２文字は，ダメ」というルールにしています。

☞ **オススメゲーム** プラスα

・「ん」で終わる言葉をたくさん書けた人が勝ちというゲームも楽しいです。
・「ん」で終わる一番長〜い言葉を思いついた人が勝ちというゲームも盛り上がります。

ワンヒット・ワンブロック

ズバリ！こんなゲームです　2人組になり，相手に見えないように3ケタの数字を書きます。相手の数字を予想していき，先に当てた方が勝ちというゲームです。

用意するもの　ノート（1人1冊）

すすめ方

① 2人がそれぞれ相手に見えないように，0〜9の数字を1回ずつ使った3ケタの数字を書く。【例】801

② 先攻の人は，「102」などと相手の数字を予想して言う。

③ 後攻の人は，「○ヒット○ブロック」と答える。場所も数字も合っていれば，「ヒット」。場所は違うけど，数字が合っていれば「ブロック」。

【例】

「801」の答えに対して，「102」の場合。

「0」は，場所も数字も合っているので，「ヒット」。

「1」は，場所は違うけど，数字が合っているので，「ブロック」。

だから，「1ヒット，1ブロック」と答える。

④ 次は，後攻の人が相手の数字を予想して言う。先攻の人は，「○ヒット○ブロック」と答える。

⑤ 交代で予想した数字を言い，「○ヒット○ブロック」と答える。先に相手の数字を当てた人が勝ち。

成功のひけつ

・子どもたちに大人気で，休み時間にも友達同士で楽しむ姿が見られるゲームです。

・とっても知的で，論理的な思考力が育ちます。

・ルールが少し難しいので，最初は2人組同士や3人組同士のグループ戦にするとよいでしょう。

⑧

辞書クイズ

> **ズバリ！こんなゲームです**

先生が国語辞典に載っている，ある言葉の意味を読みます。子どもたちは，その意味が説明している言葉は何か？　考えて答えます。

用意するもの　国語辞典1冊

すすめ方

① 教師は出題する言葉を決める。どの言葉を選んだか？　子どもたちには内緒。

② 「精神的肉体的に苦しい気持ちを発散させないで抑えること」と辞書に書かれている意味を読む。

③ 子どもたちは，何の言葉の説明なのか考え，答えをノートに書く。制限時間は，30秒。

④ 「正解は，……『我慢』でした」と教師が正解を発表する。正解した子は，「イエ〜イ！」と喜ぶ。

> **成功のひけつ**

・辞書的な説明に慣れさせると共に，国語辞典に興味を持たせることができます。また，子どもたちの語彙を増やすためにも役立ちます。

・5問出題して，正解数を競う形にしても楽しいです。

・難しいようなら，「今日は最初が『か』で始まる言葉から出題するよ」と問題を絞るとよいでしょう。

・ペアやグループで考えさせると，相談し合う姿が見られます。

⑨

たくさん集めた人がエライ！

ズバリ！
こんなゲーム
です
「『コウ』と読む漢字」などの「お題」に合う答えをたくさん書いた人が勝ちです。

用意するもの　なし

すすめ方

① 教師が「お題は，……『コウ』と読む漢字。よーい，スタート」とお題を発表して，ゲームスタート。

② 子どもたちは，1分間で「コウ」と読む漢字をノートに書く。

③ 1分経ったら，教師は「ピピー，そこまで」と言う。そして，子どもたちに鉛筆をサッと置かせる。

④ 教師は「0の人？」「1つ書けた人？」……と数を聞いていく。1番多く書けた子が優勝。

⑤ 優勝した子を立たせ，クラスみんなで賞品の拍手を贈る。

成功の
ひけつ
・2人組や班で考えさせると，協力して相談する姿が見られます。

👉**オススメゲーム** プラスα

・お題は，次のようなものでOK。いくらでも作れます。
　【国語】5文字の言葉，六画の漢字，サンズイの漢字，「あ」で始まる熟語，ことわざ
　【算数】単位，答えが10になる式，ダジャレになっている九九，知っている公式，素数
　【理科】理科実験で使う物，星座の名前，水溶液，人間の臓器，教科書に出てくる植物
　【社会】江戸時代の藩，数字の入った都道府県名，日本の川，「う」で始まる国名

テレパシージャンケンで「さようなら」

ズバリ！こんなゲームです 先生と同じのを出した人が勝つジャンケンです。同じのを3回出した子から，帰ることができます。

用意するもの なし

すすめ方

① クラス全員で「♪テレパシージャンケン，ジャンケン，ポン♪」と声を合わせて言い，グー，チョキ，パーのどれかを出す。教師も，グー，チョキ，パーのどれかを出す。

② 教師と同じのを出した子は，ランドセルを背負って立つ。

③ テレパシージャンケンをくり返し行う。2回同じのを出した子は，教室の後ろに行く。3回同じのを出した子は，前に来て教師と握手して，「さようなら」する。

④ クラス全員が「さようなら」できるまで，テレパシージャンケンを行う。

成功のひけつ

・4月最初の「さようなら」前にオススメです。「先生は意地悪だから，このまま帰さないよ。先生と相性のいい人から帰ってもらうからね」と話を切り出しましょう。

・3回連続で同じのを出して「さようなら」する子が1〜3人出ます。「先生と相性がいいのは，○○くんでした！」と学級通信でオーバーにほめましょう。

・一番最後になった子には，「○○さんと今日は一番長く遊べたね。楽しかったよ。ありがとう。これからも，よろしくね！」とフォローの言葉かけを忘れません。

・「○×クイズ」や「三択クイズ」でもできます。

・ジャンケンは，ゲームの王道です。たとえば，教師の自己紹介の時，「先生は，ジャンケン王です。生まれてから今までジャンケンに負けたことがありません」と言いましょう。子どもたちは休み時間，教師にジャンケン勝負を挑みにきます。負けたら，「生まれて初めて負けた〜！」と悔しがります。子どもたちは大喜びです。
・テレパシージャンケン以外にも，次のようなジャンケンで「さようなら」を演出できます。

(1)全身ジャンケン

全身でするジャンケンです。
グー，チョキ，パーを
イラストのようにして
表現します。

(2)顔ジャンケン

顔でするジャンケンです。
グー，チョキ，パーを
イラストのようにして
表現します。

(3)後出しジャンケン

教師が「ジャンケン，ポン」と言って，グー，チョキ，パーのどれかを出します。
それに続けて，子どもたちが「ポン」と言い，グー，チョキ，パーのどれかを出します。
「同じのを出す」「勝つのを出す」「負けるのを出す」と難易度をどんどん上げていきましょう。
テンポ良く「ジャンケン，ポン」（教師）「ポン」（子ども）と言うのがコツです。

(4)グー無しジャンケン

教師が「グー無しジャンケン，ジャンケン，ポン」と言います。
子どもたちは「ポン」に合わせて，グー，チョキ，パーのどれかを出します。
「グー無しジャンケン」は，グーが無いので，出せるのはチョキかパー。勝つ方のチョキを出した子が正解です。
「チョキ無しジャンケン，ジャンケン，ポン」（グーとパーしか出せないので，パーが正解）
「パー無しジャンケン，ジャンケン，ポン」（グーとチョキしか出せないので，グーが正解）
ランダムにテンポを上げながらくり返すと面白いです。

門番ジャンケン

> **ズバリ！こんなゲームです**
>
> 門番2人をジャンケンで続けて倒し，最後に先生を倒したら「さようなら」できるゲームです。

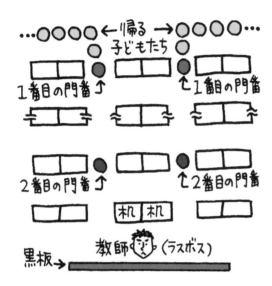

用意するもの　なし

すすめ方

① イラストのように4人の門番を配置する。

② 1番目の門番に勝ったら，2番目の門番の所に行ける。2番目の門番にも勝ったら，教師と勝負できる。

③ 2番目の門番に負けても，教師に負けても，1番目の門番からやり直し。

④ 教師との勝負に勝った子から，「さようなら」できる。

> **成功のひけつ**
>
> ・教師はラスボスとして君臨しているイメージです。勝てば「ガオ〜！」とおたけびを上げます。負ければ「や〜ら〜れ〜た〜！」と叫びます。子どもたちは大喜びです。

③
文字数限定しりとり

ズバリ！こんなゲームです　同じ文字数で答えないといけないしりとりです。たとえば，「めだか」は3文字，「か」で終わります。「めだか」と言われたら，「か」で始まる3文字の言葉を考えます。30秒以内に思いつけば，「さようなら」できます。

用意するもの　なし

すすめ方

① 教師は「第1問，大型台風（8文字）」と出題する。

② 子どもたちは指で文字数を数え，「う」で始まる8文字の言葉を考える。思いついた子は，立つ。

③ 30秒後，立っている子に言葉を言ってもらう。「運動神経」「上皿てんびん」など正解した子は「さようなら」する。他の子は拍手で見送る。

④ 「蚊取り線香（7文字）」，「運動会（6文字）」，「プチトマト（5文字）」，「家庭科（4文字)」，「くるま（3文字)」と文字数を減らして出題していく。

⑤ 「朝（2文字)」で必ずみんなが「さようなら」できる。

成功のひけつ

・立っている子が多い時には，隣の子に言えたら「さようなら」させるといいでしょう。

テッテッテッテッテレパシ〜 —必ず帰れる編—

> **ズバリ！こんなゲームです**　隣の人と同じ数の指を出したら，「さようなら」できます。

用意するもの　なし

すすめ方

① 子どもたちは隣の人と向き合って，「♪テッテッテッテッテレパシ〜イ♪」と上下に手を振りながら言う。そして，最後の「イ」に合わせて，1本から5本の指を出す。

② 同じ本数なら，お互いに「さようなら！」と言って，帰る。

③ 2回目は少しハードルを下げて，1本指から4本指までにする。1回目に失敗した2人組は，再チャレンジする。

④ それでもダメな2人組は，1本から3本指に挑戦する。それでもダメなら1本と2本指だけです。

⑤ 最後は1本指だけ。もちろん，全員成功して「さようなら」できる。

> **成功のひけつ**　・1本指だけでやる時も，「同じ本数が出せるかなあ」と真面目な顔で言うと，笑いが起きます。

⑤

消しゴムを止めたのは誰だ？

ズバリ！こんなゲームです　教室の前に5人が並び，消しゴムを順に送っていきます。最後の人まで送ったように見えますが，誰かが止めているかも知れません。誰が消しゴムを持っているのか？　当てた人から帰ることができます。

用意するもの　消しゴム1つ

すすめ方

① クジで5人を選び，教室の前に横1列に並ばせる。

② 5人は相談して，誰が消しゴムを止めるか決める。

③ 5人は，みんなの前で消しゴムを渡していく。ただし，真似だけで実際には渡していない可能性もある。

④ 教師は「1人目が持っていると思う人？」などと聞き，手を挙げさせる。前の5人全員は，消しゴムを持っているようなポーズをしたまま。

⑤ 教師が「正解は，この人でした」と言ったら，消しゴムを持っている人がみんなに見せる。正解した人のみ，ランドセルを背負って「さようなら」。

成功のひけつ　・正解発表は，次のようにしても盛り上がります。
教師が口でドラムロールの真似をする。その間，前の5人は立ったり，座ったりする。
教師が「ジャン」と言ったら，消しゴムを持っている子だけが立つ。

⑥
お名前ビンゴ

ズバリ！こんなゲームです　自分の名前でするビンゴです。自分の名前のすべての文字が読み上げられたら，「さようなら」できます。

用意するもの　紙（1人1枚），カルタ

すすめ方

① 子どもたちは，自分の名前を紙にひらがなで書く。

② 教師はカルタを1枚引き，そこに書かれているひらがなを読む。「な」「け」など。

③ そのひらがなが自分の名前にあれば，○をする。

④ 後1つで全部に○がつく人は「リーチ！」と叫び，ランドセルを背負って立つ。

⑤ 全部に○がつけば，教師の所に行って「さようなら」。

オススメゲーム プラスα

・ことわざの書いてあるカルタを用意するのも面白いです。教師はことわざを読み上げます。そのことわざに入っているひらがな全てに○ができるルールです。

⑦

重なっちゃ,いや〜よ！

5人がそれぞれ1本から5本の指を出します。全員がバラバラの数字を出せば,「さようなら」できるルールです。

用意するもの　なし

すすめ方

① 5人組で向かい合う。

② 目と目を見つめ合って,何本指を出すのか,テレパシーを送り合う。

③「♪重なっちゃ,イヤ〜よ♪」と声を揃えて言う。最後の「よ」に合わせて,子どもたちは1本から5本の指を出す。

④ 全員がバラバラの数字を出せば,大成功。「さようなら」できる。

**成功の
ひけつ**

・難易度が高いだけに,成功した時は,5人で喜びを爆発させます。

Ⅵ
1日を笑顔で締めくくるゲーム

2人組ジャンケン

ズバリ！こんなゲームです　2人組になって，勝った人から帰ることができるジャンケンです。

用意するもの　なし

すすめ方

① 全員起立する。自由に立ち歩いて2人組をつくる。2人組ができたら，その場にしゃがむ。

② 再び起立して，ジャンケンする。勝った人は，帰ることができる。負けた人と，あいこの人は教室に残る。

③ ①～②をくり返す。ただし，同じ人と2度することはできない。

④ 勝った人は帰って行くので，教室にいる人数はどんどん減っていく。

⑤ 最後の1人は教師とジャンケンし，勝ってから気持ちよく帰る。

成功のひけつ　・②で勝った子は相手に「バ～イ！」と得意げに言って帰らせると，盛り上がります。

⑨

分かった人から「さようなら」 ―回文を例に―

ズバリ！ こんなゲーム です どんな回文か？ 分かった人から帰ることができます。

用意するもの 筒（紙で作ったもの）

すすめ方

① 教師は「上から読んでも下から読んでも同じ回文です。どんな回文でしょうか？」と言う。

② 黒板に「に〇〇〇〇〇〇〇〇〇〇」と書く。

③ 正解の「にわとりとことりとわに（ニワトリと小鳥とワニ）」が分かった子は，教師の耳元の筒（イラスト参照）に言いに行く。

④ 正解した子は，「さようなら」と言って，帰る。

⑤ 「にわ〇〇〇〇〇〇〇〇〇」「にわと〇〇〇〇〇〇〇〇」と，上から1文字ずつヒントを出す。全員が正解を言って，「さようなら」できるまで続ける。

成功の ひけつ
・インターネットで「回文」を検索すると，おもしろい回文がいくらでも入手できます。
・筒は，4つ切り画用紙を丸めただけで，簡単に作れます。

👉**オススメゲーム** プラスα

・この他にも，いろいろな問題で楽しめます。

例1）ひらがな暗号：ひらがなの五十音表を使った暗号です。
「し↑ ←も い↓ ←た り↑」 （正解は，「さようなら」）

例2）漢字暗号：言葉に無理矢理漢字を当てはめた暗号です。
「去宇藻多野紙科津太値」 （正解は，「今日も楽しかったね」）

例3）この日何の日？：語呂で決められた記念日を当てるクイズです。
「9月12日（クイズの日）」，「5月9日（メイクの日，5月＝May）」，「11月1日（わんわんわんで，犬の日）」など。

おまけの小ネタ集

毎日のクラスをちょっとだけ楽しくする小ネタを紹介します。

1 目指せ！ 億万長者

　簡単に言えば，賭けジャンケンです。子どもたちは，1人3枚のお札を持ってゲームスタート。どんどん2人組を作って，「1枚賭けよう」「2枚賭けよう」「10枚賭けよう」と賭ける枚数を決めてジャンケンをしていきます。勝った人は，その枚数を相手からもらえます。お札が無くなった人は，銀行から借りることも可。3分後，1番多くのお札を持っていた人が優勝です。

2 空飛ぶティッシュ

　班対抗で行うゲーム。ティッシュをノートや教科書で扇ぎ，一番長く浮かせていた班が優勝です。3分程度の練習時間を取ってから，本番を行うといいでしょう。班で協力して，試行錯誤する姿が見られます。ちなみに，ティッシュは2枚で1組になっています。1枚ですると滞空時間が長くなり，より盛り上がります。

3 頭に下敷き 「だるまさんが転んだ」

　頭の上に下敷きを乗せてする「だるまさんが転んだ」です。下敷きが頭の上から落ちてしまった子は，アウト。その他のルールは，普通の「だるまさんが転んだ」と同じです。頭の上に下敷きを乗せたままクラス全員がオニに迫っていく姿は，くだらなさの極地。組み合わせが面白さを生むゲームの典型ですね。

4 ● つなげるしりとり

　教師は，黒板に「たまご→にわとり」などと書きます。「たまご」と「にわとり」をつなげるしりとりを最初に完成させた子が優勝です。「たまご→黄砂→寒気→毛蟹→にわとり」など，子どもたちは一生懸命考えます。たまに「たまご→コンビニ→にわとり」なんて一発でつなぐファインプレイも。教室に拍手が起こります。「子ども→大人」「東京→大阪」など，問題もいろいろつくれます。

5 ● 増えていく早口言葉

　2人組になって，早口言葉を増やしていく遊びです。1人が「ミャンマー」と言います。上手く言えたら，相手が「ミャンマー・ミャンマー」と2回続けて言います。それも上手く言えたら，3回続けて言います。交代で言って，何回続けて上手く言えるかの勝負です。一番多く言えた2人組は，みんなの前で披露。上手く言えないことも多く，「言えてないじゃん！」と軽くツッコむだけで教室は大爆笑になります。

6 ● 西部劇ジャンケン

　子どもたちは2人組になり，背中合わせで立ちます。そして，教師の「1・2・3」の言葉に一歩ずつゆっくり前に歩きます。教師の「バン！」の言葉で，子どもたちは振り向いて，グー，チョキ，パーのどれかを出します。ジャンケンで負けた子は，「や〜ら〜れ〜た〜！」と言って，オーバーに倒れます。3回勝負して，2勝以上した子が勝ちです。「1・2・3」の時には，戦いの前の静けさを演出できるといいですね。

7 ● 協力の拍手ゲーム

　クジで選ばれた子が1人，教室の外に出ます。教師は，黒板消しなど，正解になる物を指定します。クジで選ばれた子は教室に入り，正解になる物を探します。他の子は，正解になる物に拍手で誘導します。クジで選ばれた子が正しく進めば，拍手を大きくします。違う方向に行けば，拍手を小さくしたり，やめたりします。2分以内に正解になる物にたどり着ければ，子どもたちの勝利です。

8　合わせて～１０！

　教師が「合わせて～１０！」と言います。「１０！」に合わせて，教師は０～１０本の指を出します。子どもたちも，「１０！」に合わせて，０～１０本の指を出します。教師の出した指と合わせて１０になる指を出していた子が，見事に大成功です。「１０の合成・分解」を楽しく学べるネタですね。

9　体育館かくれんぼ

　体育館でするかくれんぼです。子どもたちには「絶対にしてはいけない遊びだ！」と強く言っておきます。他の先生にも，保護者にも，もちろん，内緒。「けが人が出てバレると，２度とできなくなる。危ない所には隠れません」とも言っておきます。オニは４～５人。１分で隠れて，２分で探します。２分間見つからなければ，ＯＫ。最後に自分の隠れた場所を整理させて，証拠隠滅です。秘密の遊びの共犯関係が，教師と子どもの距離をグッと近づけます。

10　帰れま１０

　「都道府県名が名字になっている人数が多いベスト１０」など，上位１０位を当てないと帰れないゲームです。子どもたちは，クジで選ばれた子から席順にベスト１０に入っていると思う都道府県名を１つずつ言っていきます。教師は，「山口県は，……第１位！」などと発表し，黒板に書いていきます。１位から１０位，全ての都道府県を当てたら「さようなら」。子どもたちは，喜びを爆発させて帰って行きます。「人口の多い都道府県」など，問題は無限にできます。

中村健一

1970 年山口県生まれ。現在，山口県岩国市立御庄小学校勤務。お笑い教師同盟などに所属。日本一のお笑い教師として全国的に活躍。

主な著書に，『新装版　ゲームはやっぱり定番が面白い！　ジャンケンもう一工夫 BEST55 ＋ α』『子どもも先生も思いっきり笑える 73 のネタ＋おまけの小ネタ 7 大放出！』『健一中村の絶対すべらない授業のネタ 78』『新装版　子どもが大喜びで先生もうれしい！　学校のはじめとおわりのネタ 108』『子どもも先生も感動！　健一＆久仁裕の目からうろこの俳句の授業』『新装版　教室で家庭でめっちゃ楽しく学べる国語のネタ 63』『新装版　めっちゃ楽しく学べる算数のネタ 73』『新装版　つまらない普通の授業に子どもを無理矢理乗せてしまう方法』『新装版　ホメる！　教師の 1 日』『With コロナ時代のクラスを「つなげる」ネタ 73』『新装版　担任必携！　学級づくり作戦ノート』『表現力がぐんぐん伸びる中村健一のお笑い国語クイズ 41』『新装版　笑う！　教師の 1 日』『新装版　子どもも先生も思いっきり笑える爆笑授業の作り方 72』(以上，黎明書房)，『中村健一　エピソードで語る教師力の極意』『策略　ブラック学級づくり―子どもの心を奪う！　クラス担任術―』(以上，明治図書出版) がある。その他，著書多数。

＊イラスト：山口まく

クラスを「つなげる」ミニゲーム集 BEST55 ＋ α
＆おまけの小ネタ 10

2023 年 8 月 1 日　初版発行	著　者	中 村 健 一
	発行者	武 馬 久 仁 裕
	印　刷	藤原印刷株式会社
	製　本	協栄製本工業株式会社

発　行　所　　　　　　株式会社　黎 明 書 房

〒 460-0002　名古屋市中区丸の内 3-6-27　EBS ビル
☎ 052-962-3045　FAX 052-951-9065　振替・00880-1-59001
〒 101-0047　東京連絡所・千代田区内神田 1-12-12 美土代ビル 6 階
☎ 03-3268-3470

落丁本・乱丁本はお取替えします。　　　ISBN978-4-654-02392-9
© K. Nakamura, 2023, Printed in Japan

新装版　ゲームはやっぱり定番が面白い！
ジャンケンもう一工夫
BEST55＋α
中村健一著　　　　　　　　B5・62頁　1720円

定番ゲーム「ジャンケン」に，中村流のもう一工夫を加えた，「サッカージャンケン」等の最高に盛り上がるジャンケンゲーム55種を厳選収録。学習規律をつくるジャンケンも紹介。同名書籍の新装版。

子どもも先生も
思いっきり笑える73のネタ
＋おまけの小ネタ7大放出！
中村健一著　　　　　　　　A5・96頁　1720円

子どもたちが自分の力を発揮できる雰囲気を作るための，73のお笑いネタとおまけの小ネタ7を紹介。『子どもも先生も思いっきり笑える73のネタ大放出！』に「おまけの小ネタ集」を追加。

新装版　子どもも先生も
思いっきり笑える
爆笑授業の作り方72
中村健一編著　　　　　　　A5・94頁　1700円

日本一のお笑い教師・中村健一先生の「お笑い」本最高傑作！　現役教師たちが実践している，毎日の授業を楽しくし，学習効果を上げるネタの数々を，目的別にあますところなく紹介。同名書籍を新装・大判化。

新装版
笑う！　教師の1日
中村健一とゆかいな仲間たち著　A5・96頁　1700円

「あいさつ＋（プラス）一言ツッコミ」などの本書のネタを使って，教師も子どもたちも笑顔になりましょう。笑いいっぱいの教室にすることは，学級崩壊の予防にもなります。同名書籍の新装版。

表現力がぐんぐん伸びる
中村健一のお笑い
国語クイズ41
中村健一編著　　　　　　　A5・133頁　1900円

なぞかけやダジャレ五・七・五など，子どもが喜ぶおもしろクイズとクイズの作り方を紹介。受け身では身に付かない表現力を鍛えます。『子どもの表現力を磨くおもしろ国語道場』を改題・新装化。

新装版　担任必携！
学級づくり作戦ノート
中村健一編著　　　　　　　B5・88頁　2000円

学級づくりを成功させるポイントは最初の1ヵ月！　例を見て書き込むだけで，最初の1ヵ月を必ず成功させる作戦が誰でも立てられる，学級づくりに必携の一冊です。同名書籍の新装版。

With コロナ時代の
クラスを「つなげる」ネタ73
中村健一監修　小野領一他編著　A5・94頁　1700円

「マスク着用」「子ども同士の距離をあける」「あまりしゃべらない」を原則にした，子どもも先生も楽しいネタ73種を紹介。コロナ禍でも子どもたちを楽しく安全につなげる学級遊び・授業のネタが満載。

新装版
厳選102アイテム！
クラスを「つなげる」ネタ大辞典
中村健一編著　　　　　　　A5・122頁　2000円

同じクラスになっただけでは，今どきの子どもたちは教師を「担任」と，他の子を「仲間」だと認めません。本書は，そんなクラスを「つなげる」ためのネタが満載です。同名書籍の新装版。

新装版
ホメる！　教師の1日
中村健一編著　　　　　　　A5・101頁　1700円

教師の一番の仕事は，ほめること。朝の会から帰りの会・放課後まで，事あるごとにほめまくり，子どもたちを，クラスを，授業をどんどん素晴らしくしていく78のネタを公開。同名書籍の新装版。

＊表示価格は本体価格です。別途消費税がかかります。
■ホームページでは，新刊案内など小社刊行物の詳細な情報を提供しております。「総合目録」もダウンロードできます。http://www.reimei-shobo.com/